Duden

Einfach klasse in Mathematik

Grundrechenarten

Wissen • Üben • Können

2. Klasse

Dudenverlag

Mannheim • Zürich

**Bibliografische Information
der Deutschen Nationalbibliothek**
Die Deutsche Nationalbibliothek verzeichnet diese
Publikation in der Deutschen Nationalbibliografie;
detaillierte bibliografische Daten sind im Internet
über http://dnb.d-nb.de abrufbar.

© Duden 2012   D C B A
Bibliographisches Institut GmbH
Dudenstraße 6, 68167 Mannheim

Redaktionelle Leitung: Grischa Zimmermann
Redaktion: Barbara Holzwarth
Autorinnen: Ute Müller-Wolfangel und Beate Schreiber

Herstellung: Ursula Fürst
Illustration: Barbara Scholz, Dirk Hennig
Umschlaggestaltung: WohlgemuthPartners, Hamburg
Layout: Petra Bachmann, Weinheim
Satz: tiff.any GmbH, Berlin
Druck und Bindung: MOHN Media Mohndruck GmbH,
Carl-Bertelsmann-Straße 161M, 33311 Gütersloh

Printed in Germany
ISBN 978-3-411-75331-4

Jetzt gehts los!

In diesem Heft findest du alle wichtigen Inhalte zum Thema „Grundrechenarten" in der 2. Klasse. Es ist in sechs große Kapitel aufgeteilt. Du erkennst sie an den kleinen Bildern in der Kopfzeile:

 Der Zahlenraum bis 100

 Addieren

 Subtrahieren

 Multiplizieren

 Dividieren

 Vermischte Aufgaben

Die Kinder auf diesen kleinen Bildern begleiten dich durch den ganzen Band. Sie zeigen dir, dass es beim Lernen nicht viel anders zugeht als im Sport. Wer eine Sportart richtig gut beherrschen will, muss die wichtigsten Techniken und Spielregeln kennen und dann viel üben und trainieren. Schnell wirst du merken, dass du Fortschritte machst und dir immer mehr gelingt.

Überprüfe deine Ergebnisse mit dem **Lösungsteil** hinten im Heft. Mithilfe des **Abschlusstests** kannst du feststellen, ob du das Thema „Grundrechenarten" schon gut beherrschst oder ob du manche Übungen noch einmal wiederholen solltest.
Die wichtigsten **Fachbegriffe** findest du auf der letzten Seite des Heftes.

Inhaltsverzeichnis

Der Zahlenraum bis 100

Addieren

Subtrahieren

 Multiplizieren

 Dividieren

Vermischte Aufgaben

Zahlen aufschreiben

Unser Zahlensystem ist ein **Zehnersystem**.

Im Zahlenraum bis 100 werden 10 Einer (■) zu einem Zehner
(| oder —) gebündelt: ■■■■■ ■■■■■ → | oder —.
10 Zehner bündelt man zu einem Hunderter (☐): ||||| ||||| oder ≡ → ☐.

Die Zahl 46 besteht aus 4 Zehnern und 6 Einern: |||| ■■■■■ ■.
Die Zahl 64 besteht aus 6 Zehnern und 4 Einern: ||||| | ■■■■.

Zahlen kannst du auch in eine **Stellenwerttafel** schreiben.

Hunderter (H)	Zehner (Z)	Einer (E)
0	4	6

Hunderter (H)	Zehner (Z)	Einer (E)
0	6	4

Üben ❶ Schreibe die Zahl.

Z	E
3	2

||||| ■■■■

Z	E

|||| ■■■

Z	E

Üben ❷ Schreibe die Zahl und male das Zahlbild.

dreiundzwanzig   sechsundachtzig

Wissen und Verstehen

Zahlen kannst du miteinander vergleichen. Dafür gibt es diese drei Zeichen:

< ist kleiner als   > ist größer als   = gleich

47 < 68   52 > 32   23 = 23

Du kannst Zahlen nach der Größe ordnen:

Von klein nach groß: 5 < 23 < 32 < 47 < 52 < 68 < 91

Von groß nach klein: 91 > 68 > 52 > 47 > 32 > 23 > 5

Üben ❶ Trage die Zahlen der Größe nach ein.

18

Üben ❷ Vergleiche die Zahlen miteinander. Setze <, > oder = ein.

13 **<** 24   48   48   26   19

100   10   87   52   25   52

55   55   37   67   96   70

Zahlen in der Hundertertafel finden

Wissen und Verstehen

In einer **Hundertertafel** stehen
alle Zahlen von 1 bis 100.
Jede Zahl hat ihren festen Platz.

Immer 10 Zahlen stehen in einer
Reihe und 10 Reihen stehen
untereinander (Zehnersystem).

1	2	3	4	5	6	7	8	9	10
11	12	13	14	15	16	17	18	19	20
21	22	23	24	25	26	27	28	29	30
31	32	33	34	35	36	37	38	39	40
41	42	43	44	45	46	47	48	49	50
51	52	53	54	55	56	57	58	59	60
61	62	63	64	65	66	67	68	69	70
71	72	73	74	75	76	77	78	79	80
81	82	83	84	85	86	87	88	89	90
91	92	93	94	95	96	97	98	99	100

Üben ➊ Trage die fehlenden Zahlen ein. Die Hundertertafel hilft dir dabei.

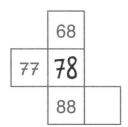

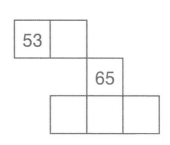

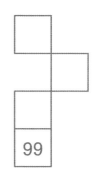

68
77 **78**
88

53
65

99

77

Üben ➋ Finde die Zahl in der Hundertertafel. Schreibe sie auf.

Starte bei der Zahl 29. Gehe zwei Kästchen nach unten
und zwei Kästchen nach links.

Die Zahl heißt: ....

Starte bei der Zahl 83. Gehe drei Kästchen nach rechts,
ein Kästchen nach oben und fünf Kästchen nach links.

Die Zahl heißt: ....

8

Wissen und Verstehen

Auf einem **Zahlenstrahl** sind die Zahlen hintereinander angeordnet.

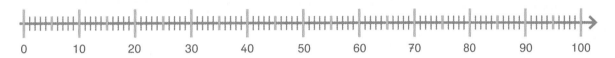

| 0 | 10 | 20 | 30 | 40 | 50 | 60 | 70 | 80 | 90 | 100 |

Zahlen kannst du auch an einem **Zahlenstrich** darstellen.

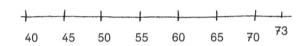

40   45   50   55   60   65   70   73

Üben ❶ Zwischen welchen Zehnern liegen diese Zahlen?
Trage die Zahlen und ihre Nachbarzehner ein.

81   47   52   89   18

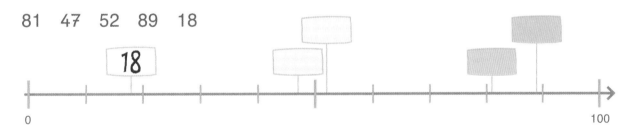

18

0   100

Üben ❷ Welches Kärtchen passt? Färbe es und trage die Zahl ein.

30   40 | 31 | 37 | 78 |

70   80 | 78 | 83 | 73 |

40   60 | 47 | 59 | 52 |

10   100 | 50 | 45 | 55 |

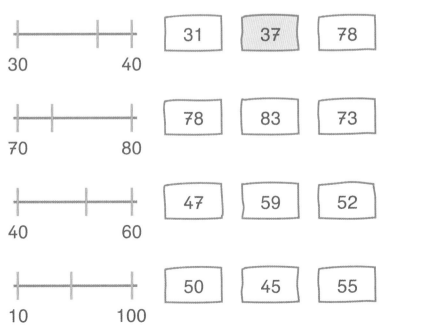

Zahlen darstellen

In einem **Hunderterfeld**
kannst du Zahlen ablesen.
Das ist einfach, weil immer
zehn Punkte in einer Reihe sind.

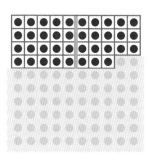

38

Welche Zahlen sind dargestellt? Schreibe auf.

Male die Punkte im grauen Hunderterfeld entsprechend der Anzahl an.

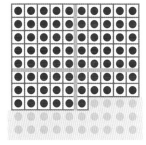

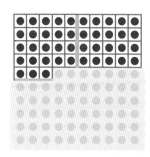

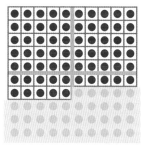

....

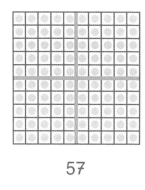

57

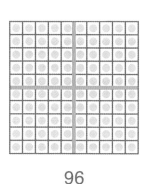

96

Entscheide, ob die Aufgaben richtig ☺ oder falsch ☹ gelöst sind.
Korrigiere die Fehler. Schreibe dann die richtigen Lösungen auf.

1

a) ◯ 27 ‹ 38

b) ◯ 46 › 63

c) ◯ 18 ‹ 81

2

a) ◯

b) ◯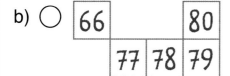

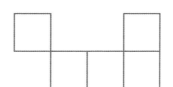

3

a)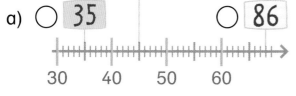

b)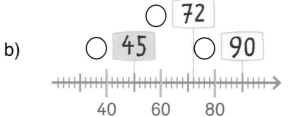

4

a) ◯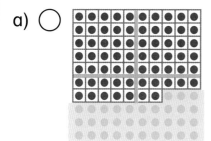

67

b) ◯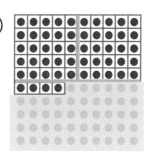

45

Einstellige Zahlen ohne Zehnerübergang addieren

Bei Aufgaben, bei denen du nur Einer addieren musst, kannst du
zuerst die **leichte Aufgabe** rechnen.

Aufgabe: $34 + 5 = ?$

leichte Aufgabe: $34 + 5 = \boxed{39}$
                             $\underline{ 4 + 5 = 9}$
                             $34 + 5 = 39$

Üben ❶ Welche Aufgaben passen zu den leichten Aufgaben? Trage sie ein.

33 + 5   64 + 3   63 + 5   14 + 3

73 + 5   84 + 3   24 + 3   93 + 5

3 + 5   33 + 5

4 + 3

Üben ❷ Rechne die Aufgaben mit der leichten Aufgabe.

$2\,4 + 3 = 2\,7$
$4 + 3 = 7$
$2\,4 + 3 = 2\,7$

$8\,2 + 7 =$

$5\,3 + 6 =$

$3\,2 + 5 =$

Wissen und Verstehen

Bei Aufgaben mit Zehnerübergang kannst du mit verschiedenen
Rechenwegen rechnen.

$$57 + 8 = \text{?}$$

Rechenweg 1:

Rechne mit der
leichten Aufgabe.

$$57 + 8 = \boxed{65}$$
$$7 + 8 = 15$$
$$50 + 15 = 65$$

Rechenweg 2:

Rechne zuerst bis zum Zehner
und dann weiter.

$$57 + 8 = \boxed{65}$$
$$57 + 3 = 60$$
$$60 + 5 = 65$$

Üben   Löse die Aufgaben mit deinem Rechenweg. Schreibe ihn auf.

38 + 6

67 + 4

79 + 5

46 + 7

Zehnerzahlen addieren

Plusaufgaben mit vollen Zehnern sind leicht zu lösen, weil der volle Zehner keine Einer hat. Deshalb musst du nur die vollen Zehner addieren. Die Einer bleiben erhalten.

$$57 + 30 = ?$$

$$50 + 30 = 80 \qquad 7 + 0 = 7 \qquad 57 + 30 = 87$$

Üben ① Fülle die Tabellen aus.

+	30	10	60
12	42		
24			
37			

+	20	50	40
47			
19			
35			

Üben ② Rechne. Immer drei Aufgaben gehören zusammen. Färbe sie mit der gleichen Farbe ein.

38 + 40	78 + 10	18 + 50	28 + 40	48 + 40

58 + 30	48 + 30	8 + 60	28 + 50

Wissen und Verstehen

Plusaufgaben mit zweistelligen Zahlen kannst du mit verschiedenen Rechenwegen in drei Schritten lösen.

$$46 + 27 = \textbf{?}$$

Rechenweg 1:
Addiere zuerst die Zehner und dann die Einer.

$$46 + 27 = \boxed{73}$$
$$40 + 20 = 60$$
$$6 + 7 = 13$$
$$60 + 13 = \textbf{73}$$

Rechenweg 2:
Addiere zuerst die Einer und dann die Zehner.

$$46 + 27 = \boxed{73}$$
$$6 + 7 = 13$$
$$40 + 20 = 60$$
$$13 + 60 = \textbf{73}$$

Üben

Ergänze die fehlenden Zahlen. Schreibe deinen Rechenweg auf.

Zweistellige Zahlen in zwei Schritten addieren

Plusaufgaben mit zweistelligen Zahlen kannst du auch in zwei Schritten lösen.

$$67 + 28 = \text{?}$$

Rechenweg 1:
Addiere zuerst die Zehner
und dann die Einer.

$67 + 28 = \boxed{95}$
$67 + 20 = 87$
$87 + 8 = 95$

Rechenweg 2:
Addiere zuerst die Einer
und dann die Zehner.

$67 + 28 = \boxed{95}$
$67 + 8 = 75$
$75 + 20 = 95$

Ergänze die fehlenden Zahlen.

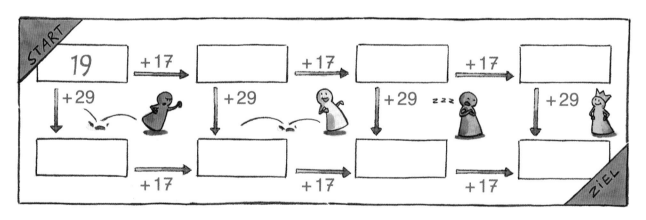

Wissen und Verstehen

Du kannst die Rechenschritte bei Plusaufgaben auch zeichnerisch mit einem Zahlenstrich oder mit einem Pfeilbild darstellen.

$$46 + 27 = \ ?$$

Zahlenstrich:

```
        + 20            + 7
   ╭─────────────╮    ╭────╮
───┼─────────────┼────┼──────
   46            66   73
```

Pfeilbild:

```
          + 27
   46 ──────────────→ 73
                      ↑
   + 20 ↘        ↗ + 7
          66
```

Üben

Zu jeder Aufgabe gehören zwei Lösungswege. Umrande sie mit der gleichen Farbe. Ergänze fehlende Zahlen.

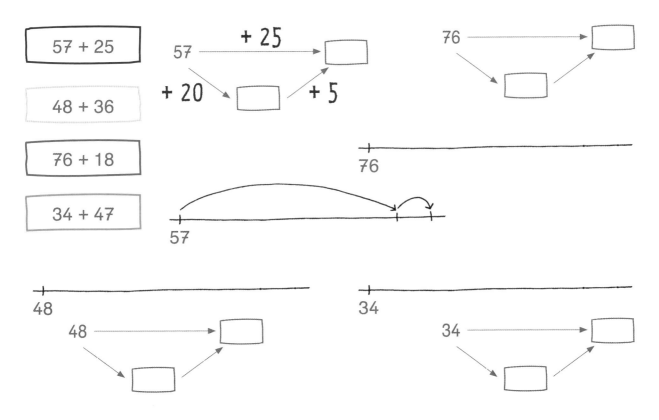

Zweistellige Zahlen vorteilhaft addieren

Wenn eine Zahl in der Nähe einer Zehnerzahl liegt, kannst du **vorteilhaft** rechnen.

$$73 + 19 = ?$$

$73 +$ △ 19 $= \boxed{92}$
$73 +$ △ $20 - 1$ $= 92$

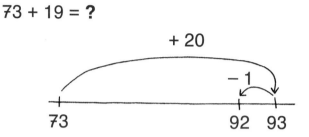

Manchmal ist es geschickt, mit der **Tauschaufgabe** zu rechnen.

$31 + 56 = ?$
$56 + 31 = \boxed{87}$

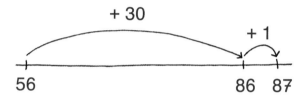

Üben ❶ Rechne vorteilhaft.

$46 +$ △ 19 $= 65$ $34 +$ △ 39 $= \ldots$ $63 +$ △ 29 $= \ldots$
$46 +$ △ $20 - 1$ $= 65$ $34 +$ △ $40 - \ldots$ $= \ldots$ $63 +$ △ $30 - \ldots$ $= \ldots$

$27 +$ △ 49 $= \ldots$ $58 +$ △ 38 $= \ldots$ $47 +$ △ 28 $= \ldots$
$27 +$ △ $50 - \ldots$ $= \ldots$ $58 +$ △ $40 - \ldots$ $= \ldots$ $47 +$ △ $30 - \ldots$ $= \ldots$

$39 +$ △ 28 $= \ldots$ $67 +$ △ 19 $= \ldots$
$\ldots +$ △ $\ldots - \ldots$ $= \ldots$ $\ldots +$ △ $\ldots - \ldots$ $= \ldots$

Kluge Köpfe rechnen vorteilhaft!

18

Üben ➋   Rechne vorteilhaft mit der Tauschaufgabe. Löse am Zahlenstrich.

32 + 67 = ...

67

23 + 56 = ...

Üben ➌   Zu jeder Aufgabe gehört ein passender Rechenweg.
Male zusammengehörige Kärtchen mit der gleichen Farbe an.
Rechne aus und trage das Ergebnis ein.

56 + 29 = ...   38 + 49 = ...   56 + 28 = ...

44 + 48 = ...   56 + 30 – 2 = ...

44 + 50 – 2 = ...   38 + 50 – 1 = ...

56 + 30 – 1 = ...

Üben ➍   Kreuze an, mit welchem Rechenweg du die Aufgaben vorteilhaft
lösen kannst. Rechne aus und trage das Ergebnis ein.

	△	Tausch-aufgabe
53 + 39 = ...		
67 + 28 = ...		
32 + 47 = ...		

Zahlen in Plusaufgaben ergänzen

Es gibt Plusaufgaben, bei denen das Ergebnis schon feststeht, aber eine Zahl fehlt. Diese **Ergänzungsaufgaben** kannst du auf verschiedenen Wegen lösen.

$$38 + ? = 54 \quad \text{oder} \quad ? + 27 = 73$$

Rechenweg 1:

Ergänze zuerst die Einer bis zum nächsten Zehner. Ergänze dann vom Zehner bis zum Ergebnis.

$38 + \boxed{16} = 54$	$\boxed{46} + 27 = 73$
$38 + \mathbf{2} = 40$	$\mathbf{3} + 27 = 30$
$40 + \mathbf{14} = 54$	$30 + \mathbf{43} = 73$

Rechenweg 2:

Rechne mit der Umkehraufgabe.

$38 + \boxed{16} = 54$	$\boxed{46} + 27 = 73$
$54 - 38 = \ ?$	$73 - 27 = \ ?$
$54 - 38 = \boxed{16}$	$73 - 27 = \boxed{46}$

Trage die Ergebnisse in das Haus ein.

Entscheide, ob die Aufgaben richtig ☺ oder falsch ☹ gelöst sind.
Korrigiere die Fehler. Schreibe dann die richtigen Lösungen auf.

1 leichte Aufgabe

a) ○ 34 + 5 = 39   4 + 5 = 9

b) ○ 62 + 7 = 69   2 + 7 = 9

c) ○ 43 + 4 = 48   4 + 4 = 8

2

a) ○ 3 8 + 1 6 = 5 4   b) ○ 6 5 + 2 6 = 8 2

38 + 10 = 48   56 + 20 = 76

48 + 6 = 54   76 + 6 = 82

3

a) ○ 42 + 39 = 91

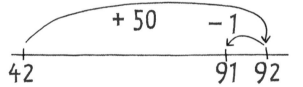

b) ○ 23 + 56 = 79

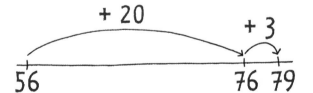

4

a) ○ 6 7 + 3 2 = 9 9   b) ○ 3 3 + 3 6 = 7 3

67 + 3 = 70   4 + 36 = 40

70 + 29 = 99   40 + 33 = 73

Einstellige Zahlen ohne Zehnerübergang subtrahieren

Wissen und Verstehen

Bei Aufgaben, bei denen du nur Einer subtrahieren musst, kannst du zuerst die **leichte Aufgabe** rechnen.

$$48 - 6 = ?$$

Aufgabe: $48 - 6 = \boxed{42}$

leichte Aufgabe: $\quad 8 - 6 = \quad 2$

$48 - 6 = \mathbf{42}$

Üben ❶ Auf jedem Briefkasten steht eine leichte Aufgabe. Färbe jeden Brief mit der passenden Farbe ein.

Üben ❷ Rechne die Aufgaben mit der leichten Aufgabe.

$2\,7 - 6 =$	$6\,6 - 4 =$	$8\,5 - 3 =$

$7 - 6 =$

$2\,7 - 6 =$

Wissen und Verstehen

Bei Minusaufgaben mit Zehnerübergang kannst du mit verschiedenen Rechenwegen rechnen.

$$73 - 8 = \textbf{?}$$

Rechenweg 1:
Rechne mit der
leichten Aufgabe.

$73 - 8 = \boxed{65}$
$13 - 8 = 5$
$73 - 8 = \textbf{65}$

Rechenweg 2:
Rechne zuerst bis zum Zehner
und dann weiter.

$73 - 8 = \boxed{65}$
$73 - 3 = 70$
$70 - 5 = \textbf{65}$

Üben ❶ Löse die Aufgaben mit deinem Rechenweg. Schreibe ihn auf.

$23 - 5 = 18$
$23 - 3 = 20$
$20 - 2 = 18$

$67 - 8 =$

$53 - 5 =$

$92 - 6 =$

$81 - 4 =$

$75 - 7 =$

$46 - 7 =$

$34 - 6 =$

$61 - 9 =$

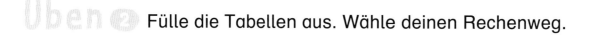

Einstellige Zahlen mit Zehnerübergang subtrahieren

Üben ② Fülle die Tabellen aus. Wähle deinen Rechenweg.

–	4	6	5	3
31	27			
72				
81				
42				

–	8	6	7	9
54				
45				
63				
92				

Üben ③ Ergänze die fehlenden Zahlen. Wähle deinen Rechenweg und schreibe ihn auf. Trage die Ergebnisse in die Schlangen ein.

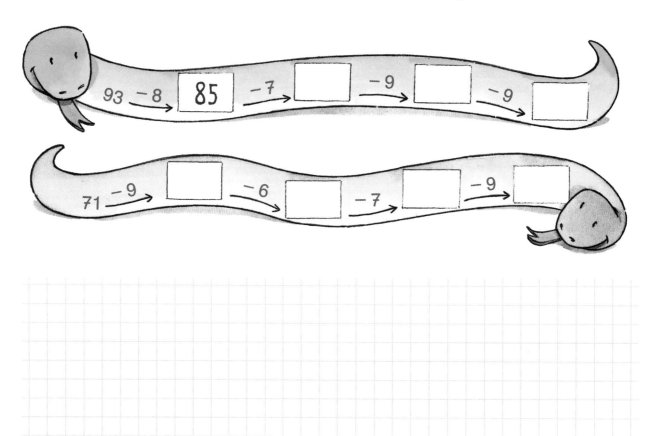

$93 \xrightarrow{-8} 85 \xrightarrow{-7} \square \xrightarrow{-9} \square \xrightarrow{-9} \square$

$71 \xrightarrow{-9} \square \xrightarrow{-6} \square \xrightarrow{-7} \square \xrightarrow{-9} \square$

Wissen und Verstehen

Minusaufgaben mit vollen Zehnern sind leicht zu lösen, weil der volle Zehner keine Einer hat. Deshalb musst du nur die vollen Zehner subtrahieren. Die Einer bleiben erhalten.

$56 - 20 = ?$

$50 - 20 = 30$ $6 - 0 = 6$ $56 - 20 = 36$

Üben 1 Fülle die Häuser aus.

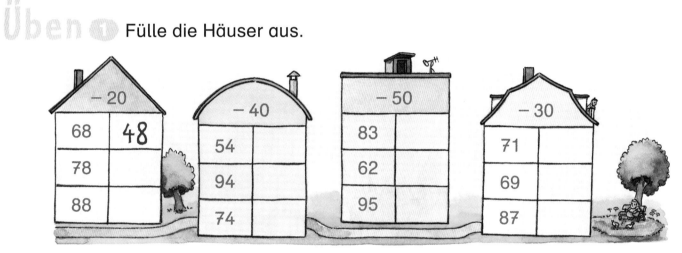

Üben 2 Setze die Reihen fort.

Üben 3 Finde die Regel und setze die Reihe fort.

Zweistellige Zahlen subtrahieren

Wissen und Verstehen

Minusaufgaben mit zweistelligen Zahlen kannst du mit
verschiedenen Rechenwegen lösen.

$$82 - 37 = \textbf{?}$$

Rechenweg 1:
Subtrahiere zuerst die Zehner
und dann die Einer.

$82 - 37 = \boxed{45}$
$82 - 30 = 52$
$52 - 7 = \textbf{45}$

Rechenweg 2:
Subtrahiere zuerst die Einer
und dann die Zehner.

$82 - 37 = \boxed{45}$
$82 - 7 = 75$
$75 - 30 = \textbf{45}$

Üben ➊ Bilde immer mit einem blauen und einem roten
Kärtchen eine Minusaufgabe. Schreibe alle Aufgaben,
die möglich sind, auf und löse sie mit deinem Rechenweg.

| 87 | 59 | 71 | – | 45 | 34 | 29 |

$87 - 45 =$
$87 - 40 = 47$
$47 - 5 =$

Üben ❷ Fülle die Tabellen aus.

–	26	45	53
85	59		
96			
68			
74			

–	17	36	22
69			
74			
53			
81			

27

Rechenwege bei der Subtraktion veranschaulichen

Wissen und Verstehen

Du kannst die Rechenschritte bei Minusaufgaben auch zeichnerisch mit einem Zahlenstrich oder mit einem Pfeilbild darstellen.

$$63 - 26 = \textbf{?}$$

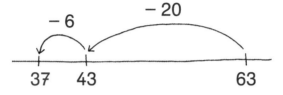

Zahlenstrich:

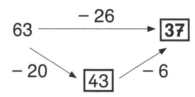

Pfeilbild:

Üben

Zu jeder Aufgabe gehören zwei Lösungswege. Umrande sie mit der gleichen Farbe. Ergänze fehlende Zahlen.

85 – 26

76 – 37

91 – 46

64 – 38

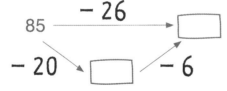

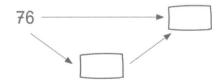

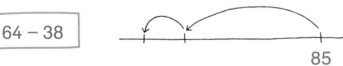

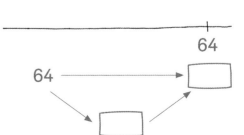

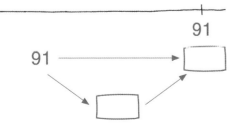

Wissen und Verstehen

Wenn eine Zahl in der Nähe einer Zehnerzahl liegt, kannst du **vorteilhaft** rechnen.

$$84 - 39 = \textbf{?}$$

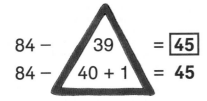

$84 - 39 = \boxed{45}$

$84 - (40 + 1) = \textbf{45}$

$$84 \xrightarrow{\ -39\ } \boxed{45}$$

$-40 \searrow \boxed{44} \nearrow +1$

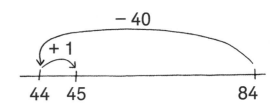

Üben ❶ Rechne vorteilhaft.

$92 - 39 = \dots$ $87 - 49 = \dots$ $66 - 38 = \dots$

$92 - (40 + \underline{1}) = \dots$ $87 - (50 + \dots) = \dots$ $66 - (40 + \dots) = \dots$

Üben ❷ Trage die Minusaufgabe ein und rechne aus.

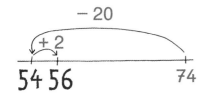

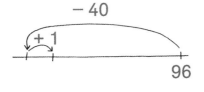

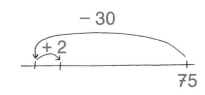

$74 - 18 = 56$ $\dots - \dots = \dots$ $\dots - \dots = \dots$

Zahlen in Minusaufgaben ergänzen

Es gibt Minusaufgaben, bei denen das Ergebnis schon feststeht, aber eine Zahl fehlt.

Fehlt die erste Zahl, kannst du mit der **Umkehraufgabe** rechnen:

? − 38 = 46   Umkehraufgabe: 46 + 38 = **84**

Fehlt die zweite Zahl, kannst du mit der **Minus-** oder **Ergänzungsaufgabe** rechnen:

85 − ? = 57

Minusaufgabe:	Ergänzungsaufgabe:
85 − 57 = 28	57 + 28 = 85
85 − 28 = 57	85 − 28 = 57

Üben   Schreibe zuerst jede Aufgabe als Minusaufgabe auf. Notiere deinen Rechenweg. Trage das Ergebnis in das Rechenrad ein.

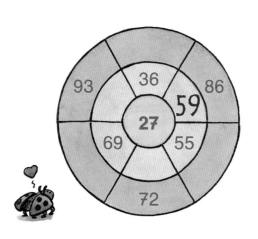

86 − 59 = 27   86 − 27 = 59

− 55 = 27

− =

30

Entscheide, ob die Aufgaben richtig ☺ oder falsch ☹ gelöst sind.
Korrigiere die Fehler. Schreibe dann die richtigen Lösungen auf.

1   leichte Aufgabe

a) ○ $86 - 5 = 81$ $6 - 5 = 1$

b) ○ $67 - 4 = 62$ $6 - 4 = 2$

c) ○ $58 - 7 = 51$ $8 - 7 = 1$

2

a) ○ $\underline{78 - 53 = 25}$ b) ○ $\underline{89 - 47 = 25}$

    $78 - 50 = 28$ $89 - 70 = 29$

    $28 - 3 = 25$ $29 - 4 = 25$

3

a) ○ $81 - 49 = 32$

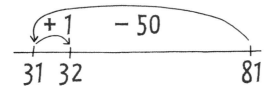

b) ○ $93 - 38 = 54$

4

a) ○ $\underline{79 - 33 = 46}$ b) ○ $\underline{85 - 46 = 39}$

    $79 - 9 = 70$ $85 - 40 = 45$

    $70 - 14 = 46$ $45 - 6 = 39$

Von der Plusaufgabe zur Malaufgabe

Wissen und Verstehen

Jede **Malaufgabe** ist eine verkürzte Plusaufgabe.

$5 \cdot 4 = 4 + 4 + 4 + 4 + 4 = 20$

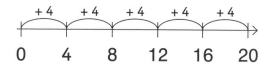

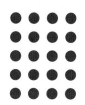

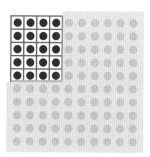

Üben ❶ Schreibe immer eine Plus- und die dazugehörige Malaufgabe auf.

Plusaufgabe: $5 + 5 + 5 = 15$ ....

Malaufgabe: $3 \cdot 5 = 15$ ....

Üben ❷ Schreibe zu jedem Punktefeld die Plusaufgabe und die dazugehörige Malaufgabe.

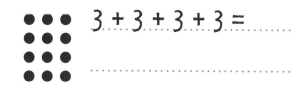 $3 + 3 + 3 + 3 =$ ....

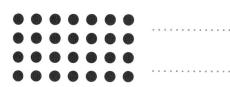

Wissen und Verstehen

Kernaufgaben (Königsaufgaben) sind Malaufgaben mit 1, 2, 5 und 10. Du musst sie auswendig lernen. Alle anderen Aufgaben einer Einmaleinsreihe kannst du aus den Kernaufgaben ableiten.

Die Kernaufgaben der Dreierreihe:

$\boxed{1 \cdot 3}$ $\boxed{2 \cdot 3}$ $\boxed{5 \cdot 3}$ $\boxed{10 \cdot 3}$

$3 \cdot 3 = \boxed{2 \cdot 3} + \boxed{1 \cdot 3}$

$4 \cdot 3 = \boxed{2 \cdot 3} + \boxed{2 \cdot 3}$

$6 \cdot 3 = \boxed{5 \cdot 3} + \boxed{1 \cdot 3}$

$7 \cdot 3 = \boxed{5 \cdot 3} + \boxed{2 \cdot 3}$

$8 \cdot 3 = \boxed{5 \cdot 3} + \boxed{2 \cdot 3} + \boxed{1 \cdot 3}$ oder $\boxed{10 \cdot 3} - \boxed{2 \cdot 3}$

$9 \cdot 3 = \boxed{10 \cdot 3} - \boxed{1 \cdot 3}$

Üben Rechne mit den Kernaufgaben.

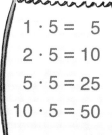

$1 \cdot 4 = 4$	$1 \cdot 6 = 6$	$1 \cdot 5 = 5$
$2 \cdot 4 = 8$	$2 \cdot 6 = 12$	$2 \cdot 5 = 10$
$5 \cdot 4 = 20$	$5 \cdot 6 = 30$	$5 \cdot 5 = 25$
$10 \cdot 4 = 40$	$10 \cdot 6 = 60$	$10 \cdot 5 = 50$

$3 \cdot 4 = 12$　　　$3 \cdot 6 = ...$　　　$3 \cdot 5 = ...$　　　$6 \cdot 4 = ...$　　　$7 \cdot 6 = ...$

$2 \cdot 4 = 8$　　　$2 \cdot 6 = ...$　　　$2 \cdot 5 = ...$

$1 \cdot 4 = 4$　　　$1 \cdot 6 = ...$　　　$1 \cdot 5 = ...$

Beim Einmaleins der 1 musst du nicht rechnen:

$1 \cdot 1 = 1$ $2 \cdot 1 = 2$ $5 \cdot 1 = 5$ $10 \cdot 1 = 10$

Zwischen dem Einmaleins der 5 und der 10 besteht ein Zusammenhang. Die Ergebnisse der Zehnerreihe sind immer das Doppelte der Fünferreihe.

$1 \cdot 5 = 5$ $2 \cdot 5 = 10$ $5 \cdot 5 = 25$ $10 \cdot 5 = 50$
$1 \cdot 10 = 10$ $2 \cdot 10 = 20$ $5 \cdot 10 = 50$ $10 \cdot 10 = 100$

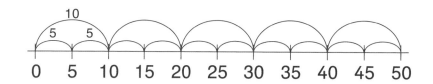

Üben

Verbinde passende Aufgaben mit dem richtigen Ergebnis und färbe sie entsprechend ein. Ergänze die fehlenden Zahlen.

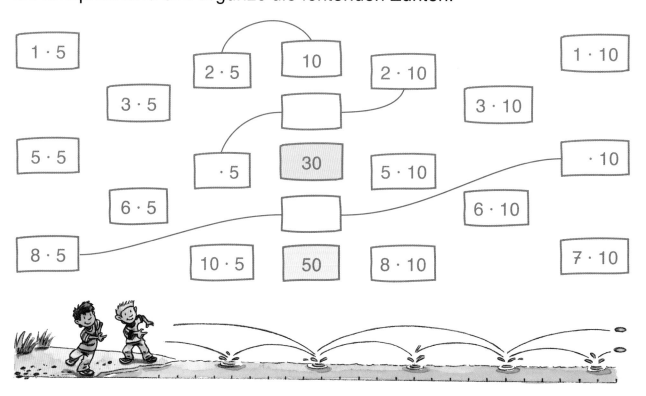

34

Wissen und Verstehen

Zwischen dem Einmaleins der 2, der 4 und der 8 besteht ein Zusammenhang. Die Ergebnisse der Achterreihe sind immer das Doppelte der Viererreihe und das Vierfache der Zweierreihe. Die Ergebnisse der Viererreihe sind immer das Doppelte der Zweierreihe.

$$1 \cdot 2 = 2 \qquad 2 \cdot 2 = 4 \qquad 5 \cdot 2 = 10 \qquad 10 \cdot 2 = 20$$
$$1 \cdot 4 = 4 \qquad 2 \cdot 4 = 8 \qquad 5 \cdot 4 = 20 \qquad 10 \cdot 4 = 40$$
$$1 \cdot 8 = 8 \qquad 2 \cdot 8 = 16 \qquad 5 \cdot 8 = 40 \qquad 10 \cdot 8 = 80$$

Üben

Schreibe die passende Malaufgabe dazu und rechne aus.

$1 \cdot 2 = 2$ ....

  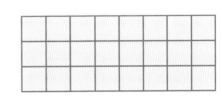

....

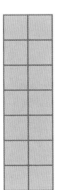 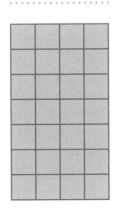 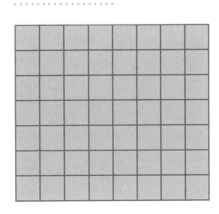

....

Wissen und Verstehen

Zwischen dem Einmaleins der 3, der 6 und der 9 besteht ein Zusammenhang. Die Ergebnisse der Sechserreihe sind immer das Doppelte der Dreierreihe. Die Ergebnisse der Neunerreihe sind immer das Dreifache der Dreierreihe.

$1 \cdot 3 = 3$	$2 \cdot 3 = 6$	$5 \cdot 3 = 15$	$10 \cdot 3 = 30$
$1 \cdot 6 = 6$	$2 \cdot 6 = 12$	$5 \cdot 6 = 30$	$10 \cdot 6 = 60$
$1 \cdot 9 = 9$	$2 \cdot 9 = 18$	$5 \cdot 9 = 45$	$10 \cdot 9 = 90$

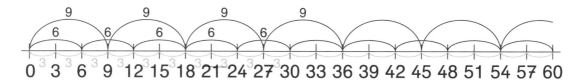

Üben ❶ Rechne geschickt.

$3 \cdot 3 = 9$	$7 \cdot 3 = \ldots$	$9 \cdot 3 = \ldots$
$3 \cdot 6 = 18$	$7 \cdot 6 = \ldots$	$9 \cdot 6 = \ldots$
$3 \cdot 9 = \ldots$	$7 \cdot 9 = \ldots$	$9 \cdot 9 = \ldots$

Üben ❷ Trage die fehlenden Zahlen ein.

$10 \cdot 3 = \underline{5} \cdot 6$	$8 \cdot 3 = \ldots \cdot 6$	$6 \cdot 3 = \ldots \cdot 9$
$6 \cdot 3 = \ldots \cdot 6$	$4 \cdot 6 = \ldots \cdot 3$	$2 \cdot 9 = \ldots \cdot 3$
$4 \cdot 3 = \ldots \cdot 6$	$1 \cdot 6 = \ldots \cdot 3$	$1 \cdot 9 = \ldots \cdot 3$
$4 \cdot 9 = \ldots \cdot 6$	$9 \cdot 6 = \ldots \cdot 9$	$0 \cdot 6 = \ldots \cdot 3$

Wissen und Verstehen

Jede Kernaufgabe der Siebenerreihe kannst du aus einer anderen
Einmaleinsreihe ableiten. Du musst sie also nicht lernen.

$$1 \cdot 7 = 7$$ Tauschaufgabe: $7 \cdot 1 = 7 \rightarrow 5 \cdot 1 + 2 \cdot 1$
$$2 \cdot 7 = 14$$ Tauschaufgabe: $7 \cdot 2 = 14 \rightarrow 5 \cdot 2 + 2 \cdot 2$
$$5 \cdot 7 = 35$$ Tauschaufgabe: $7 \cdot 5 = 35 \rightarrow 5 \cdot 5 + 2 \cdot 5$
$$10 \cdot 7 = 70$$ Tauschaufgabe: $7 \cdot 10 = 70 \rightarrow 5 \cdot 10 + 2 \cdot 10$

Üben   Schreibe die Tauschaufgabe auf. Löse sie mit den Kernaufgaben.

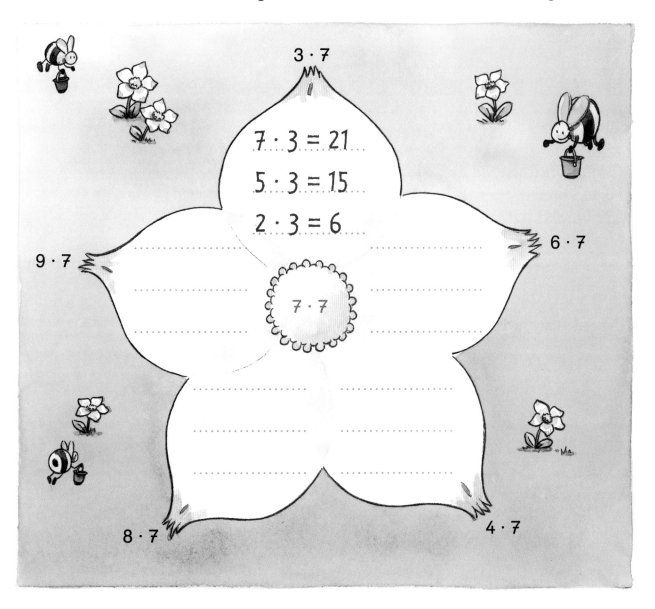

3 · 7

$$7 \cdot 3 = 21$$
$$5 \cdot 3 = 15$$
$$2 \cdot 3 = 6$$

7 · 7

9 · 7

6 · 7

8 · 7

4 · 7

Wissen und Verstehen

Manchmal ist es leichter, wenn du bei Malaufgaben die Zahlen tauschst. Das Ergebnis ist dasselbe.

$8 \cdot 5 = 5 \cdot 8$ $8 \cdot 5 = 40$ $5 \cdot 8 = 40$

Üben Schreibe zu jedem Bild die Malaufgabe und die dazugehörige Tauschaufgabe auf. Manchmal hilft es, wenn du dein Heft drehst. Rechne aus.

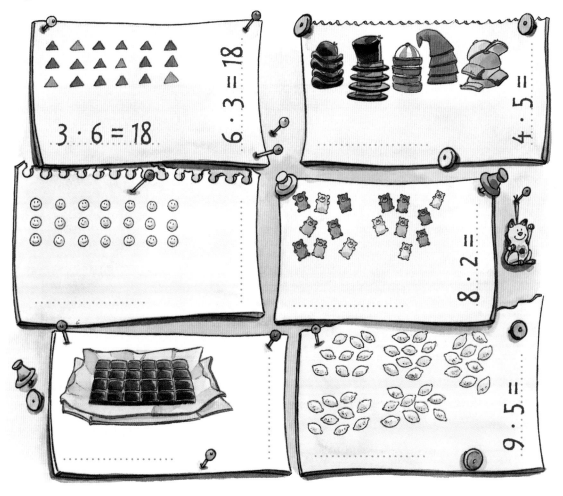

$3 \cdot 6 = 18$ $6 \cdot 3 = 18$

$4 \cdot 5 =$

$8 \cdot 2 =$

$9 \cdot 5 =$

Entscheide, ob die Aufgaben richtig ☺ oder falsch ☹ gelöst sind.
Korrigiere die Fehler. Schreibe dann die richtigen Lösungen auf.

1

a) ◯ $6 + 6 + 6 + 6 + 6 = 30$ $4 \cdot 6 = 30$

b) ◯ $3 + 3 + 3 + 3 + 3 + 3 = 15$ $5 \cdot 3 = 15$

c) ◯ $5 \cdot 8 = 40$ $8 + 8 + 8 + 8 + 8 = 40$

2

a) ◯ $\underline{7 \cdot 3 = 21}$

$5 \cdot 3 = 15$

$2 \cdot 3 = 6$

b) ◯ $\underline{9 \cdot 6 = 66}$

$10 \cdot 6 = 60$

$1 \cdot 6 = 6$

3

a) ◯ $6 \cdot 2 = 3 \cdot 4$ b) ◯ $4 \cdot 6 = 8 \cdot 3$ c) ◯ $4 \cdot 5 = 8 \cdot 10$

4

a) ◯ $\boxed{2 \cdot 7}$

$\underline{7 \cdot 2 = 14}$

$5 \cdot 2 = 10$

$2 \cdot 2 = 4$

b) ◯ $\boxed{6 \cdot 7}$

$\underline{7 \cdot 6 = 36}$

$5 \cdot 6 = 30$

$1 \cdot 6 = 6$

Mengen aufteilen

So kannst du Mengen aufteilen:

30 Memokarten sollen so aufgeteilt werden, dass immer 6 Karten auf einem Stapel liegen.

30 : 6 = **?**

30 : 6 = 5
Sprechweise: dreißig (geteilt) durch sechs gleich fünf.

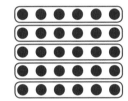

Mit 30 Memokarten kannst du 5 Stapel bilden.

Schreibe zu jedem Bild die passende Geteiltaufgabe und rechne.

18 : 3 = ..6..

18 : ...... = ...

...... : ...... = ...

...... : ...... = ...

Wissen und Verstehen

So kannst du Mengen verteilen:

14 Kaugummis sollen in
7 Tütchen so verpackt
werden, dass immer gleich
viele Kaugummis in jeder
Tüte sind.

14 : 7 = **?**

Sprechweise: vierzehn (geteilt)
durch sieben gleich zwei.

 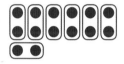

14 : 7 = $\boxed{2}$

In jedes Tütchen kommen 2 Kaugummis.

Üben ❶ Verteile gerecht. Schreibe die Geteiltaufgabe und rechne.

12 : 2 = ..6..

12 : ...... = ...

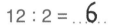

...... : ...... = ...

...... : ...... = ...

Üben ❷ Rechne.

10 : 2 = ..5..   8 : 2 = ...   15 : 5 = ...   50 : 10 = ...

35 : 5 = ...   20 : 10 = ...   16 : 2 = ...   40 : 5 = ...

Geteiltaufgaben überprüfen

Zu jeder Geteiltaufgabe (Divisionsaufgabe) gehört eine Malaufgabe (Multiplikationsaufgabe), die **Umkehr-** oder **Probeaufgabe**.

$45 : 9 = 5$, denn $5 \cdot 9 = 45$

Üben ❶ Rechne und überprüfe mit der Probeaufgabe.

: 3

6	2
30	
3	
15	

denn $2 \cdot 3 = 6$

denn $\ldots \cdot 3 = \ldots$

denn $\ldots \cdot 3 = \ldots$

denn $\ldots \cdot 3 = \ldots$

: 9

18	
90	
9	
45	

denn $\ldots \cdot 9 = \ldots$

denn $\ldots \cdot 9 = \ldots$

denn $\ldots \cdot 9 = \ldots$

denn $\ldots \cdot 9 = \ldots$

: 4

40	
4	
20	
8	

denn $\ldots \cdot 4 = \ldots$

denn $\ldots \cdot 4 = \ldots$

denn $\ldots \cdot \ldots = \ldots$

denn $\ldots \cdot \ldots = \ldots$

: 8

80	
8	
40	
16	

denn $\ldots \cdot \ldots = \ldots$

denn $\ldots \cdot \ldots = \ldots$

denn $\ldots \cdot \ldots = \ldots$

denn $\ldots \cdot \ldots = \ldots$

Üben 2 Bilde Geteiltaufgaben, rechne und überprüfe.

| 36 | 9 | 6 |

$$36 : 9 = \underline{4}, \text{ denn } \underline{4} \cdot \underline{9} = \underline{36}$$

$$\boxed{} : \boxed{6} = \dots, \text{ denn } \dots \cdot \dots = \dots$$

| 24 | 4 | 8 |

$$\boxed{} : \boxed{} = \dots, \text{ denn } \dots \cdot \dots = \dots$$

$$\boxed{} : \boxed{} = \dots, \text{ denn } \dots \cdot \dots = \dots$$

| 45 | 9 | 5 |

$$\boxed{} : \boxed{} = \dots, \text{ denn } \dots \cdot \dots = \dots$$

$$\boxed{} : \boxed{} = \dots, \text{ denn } \dots \cdot \dots = \dots$$

Üben 3 Schreibe immer zwei Geteiltaufgaben auf. Rechne und überprüfe.

$$21 : \underline{7} = \dots, \text{ denn } \dots \cdot \dots = \dots$$

$$21 : \dots = \dots, \text{ denn } \dots \cdot \dots = \dots$$

28 ....

....

Manchmal lässt sich eine Menge nicht genau aufteilen oder verteilen. Es bleibt ein Rest übrig.

54 Murmeln werden in 5 Netze verteilt.

Es bleiben 4 Murmeln übrig.

54 : 5 = 10 **Rest (R)** 4, denn 10 · 5 + 4 = 54

Sprechweise: vierundfünfzig (geteilt) durch fünf gleich zehn Rest vier, denn zehnmal fünf plus vier gleich vierundfünfzig.

Üben ❶ Male weiter und schreibe die Aufgabe auf. Rechne und überprüfe.

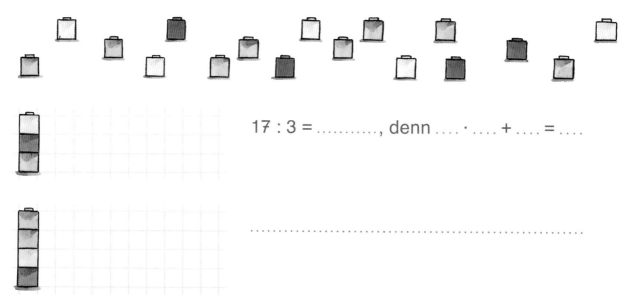

17 : 3 = ..., denn .... · .... + ... = ...

....

Üben ❷ Rechne und überprüfe.

14 : 5 = .2. R .4., denn .2. · .5. + .4. = .14.

22 : 4 = ... R ...., denn ....

19 : 3 = ... R ...., denn ....

44

Entscheide, ob die Aufgaben richtig ☺ oder falsch ☹ gelöst sind.
Korrigiere die Fehler. Schreibe dann die richtigen Lösungen auf.

1

a) ◯ $8 : 2 = 4$ b) ◯ $20 : 5 = 4$

c) ◯ $15 : 3 = 3$ d) ◯ $45 : 5 = 9$

2

a) ◯ $27 : 9 = 3$, denn $3 \cdot 9 = 27$

b) ◯ $28 : 4 = 6$, denn $4 \cdot 6 = 28$

c) ◯ $48 : 8 = 7$, denn $7 \cdot 8 = 56$

3

a) ◯ $17 : 5 = 3 \, R \, 1$, denn $3 \cdot 5 + 1 = 17$

b) ◯ $36 : 8 = 4 \, R \, 4$, denn $4 \cdot 8 + 4 = 36$

c) ◯ $65 : 9 = 7 \, R \, 2$, denn $7 \cdot 9 + 2 = 65$

4

:	6	5	7
21	◯ 3R3	◯ 4R2	◯ 3R1
38	◯ 6R2	◯ 7R3	◯ 9R2
42	◯ 7R1	◯ 7R7	◯ 6R0

Addition und Subtraktion anwenden

Wissen und Verstehen

Bei Tabellen, Rechenhäusern, Rechenrädern und Ergänzungsaufgaben hilft dir oft die **Umkehraufgabe**.

Die Umkehraufgabe zu einer Plus- ist die Minusaufgabe. Die Umkehraufgabe zu einer Minus- ist die Plusaufgabe.

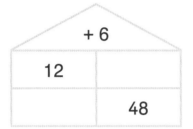

$12 + 6 = \boxed{18}$

$? + 6 = 48 \quad 48 - 6 = \boxed{42} \quad 42 + 6 = 48$

Üben ❶ Rechne.

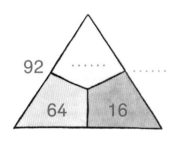

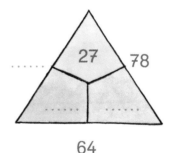

$$64 + ? = 92$$
$$92 - 64 = 28$$
$$\overline{92 - 60 = 32}$$
$$32 - 4 = 28$$

Üben ❷ Trage die fehlenden Zahlen ein.

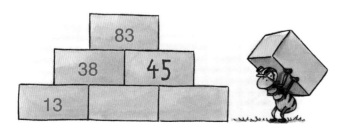

Wissen und Verstehen

Bei Tabellen, Rechenhäusern und Rechenrädern hilft dir häufig die **Umkehraufgabe**.

Die Umkehraufgabe zu einer Malaufgabe ist die Geteiltaufgabe und umgekehrt.

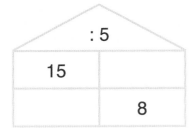

$15 : 5 = \boxed{3}$

$8 \cdot 5 = \boxed{40}$

Üben **1** Bilde mit den Zahlen zwei Mal- und zwei Geteiltaufgaben. Schreibe und rechne.

| 5 | 35 | 7 | | 42 | 6 | 7 | | 72 | 8 | 9 |

$5 \cdot 7 = 35$

Üben **2** Fülle die Tabelle aus.

·	4	6	2
8		40	24	
	16		

Alle vier Rechenzeichen anwenden

Wissen und Verstehen

Bei Aufgaben, bei denen das Rechenzeichen fehlt, musst du gut überlegen, ob +, −, · oder : passt.

39 8 = 47	39 8 = 31	36 9 = 4	9 4 = 36
39 + 8 = 47	39 − 8 = 31	36 : 9 = 4	9 · 4 = 36

Es gibt auch Aufgaben, bei denen du <, > oder = einsetzen musst.

30 : 6 5	30 + 6 63	30 − 6 23	5 · 6 30
30 : 6 = 5	30 + 6 < 63	30 − 6 > 23	5 · 6 = 30

Üben ① Setze ein: <, > oder =.

35 + 16 = 51	67 − 28 43	84 − 36 48
5 · 8 41	7 · 3 21	9 · 6 52
61 90 − 49	36 18 + 17	82 46 + 36
45 5 · 9	35 8 · 4	63 8 · 7
24 : 4 6	32 : 8 3	54 : 9 8
8 · 6 9 · 5	72 : 9 36 : 4	6 · 4 9 · 3

Üben ② Setze die fehlenden Rechenzeichen ein.

9 · 8 = 72	28 7 = 21	61 16 < 46
42 7 = 35	45 5 < 40	36 9 < 5
24 6 = 4	8 4 = 32	16 4 = 12
27 9 < 4	18 9 = 27	53 18 < 36

48

Entscheide, ob die Aufgaben richtig ☺ oder falsch ☹ gelöst sind.
Korrigiere die Fehler. Schreibe dann die richtigen Lösungen auf.

1

a) ○ $46 + 28 = 74$ b) ○ $45 + 37 = 92$

c) ○ $85 - 36 = 48$ d) ○ $87 = 29 + 68$

e) ○ $93 - 17 = 76$ f) ○ $36 = 53 - 17$

2

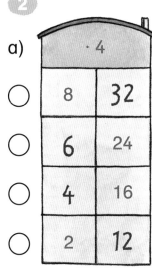

a) · 4

○	8	32
○	6	24
○	4	16
○	2	12

b) : 5

○	25	5
○	45	8
○	35	7
○	15	3

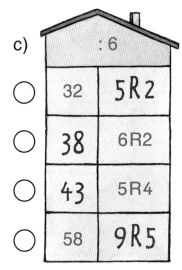

c) : 6

○	32	5R2
○	38	6R2
○	43	5R4
○	58	9R5

3

a) ○ $48 + 27 > 55$ b) ○ $95 - 46 = 51$

c) ○ $8 \cdot 7 = 65$ d) ○ $31 : 7 = 4 R 3$

e) ○ $25 + 29 = 6 \cdot 9$ f) ○ $73 - 18 < 7 \cdot 8$

Löse zuerst alle Aufgaben. Schreibe die Nebenrechnungen in dein Heft.
Kontrolliere deine Ergebnisse im Lösungsteil.
Male danach zu jeder Aufgabe die Ampel so an:

 Hier ist alles richtig.

 Ich habe noch einige Fehler gemacht.

 Das übe ich noch einmal.

Bei den Aufgaben, deren Ampel rot ist, hast du noch Probleme.
Schau dir deshalb nochmals die dazugehörigen Seiten vorne im Heft an.
Das Zeichen unter der Ampel ◔ hilft dir dabei.

Aufgabe 1 Schreibe die Zahlen auf.

||| ▪▪▪▪ ...... ||||| ▪▪ ......

Z	E
5	6
......

Z	E
6	5
......

◔ siehe Seite 6

Aufgabe 2 Schreibe die Zahl und male das Zahlbild.

siebenundvierzig ......

neununddreißig ......

fünfzig ......

◔ siehe Seite 6

Aufgabe 3 Ordne die Zahlen.

71   19   37   56   17   43   91

......>......>......>......>......>......>......

83   24   57   44   42   75   38

......<......<......<......<......<......<......

⊖ siehe Seite 7

Aufgabe 4 Trage die fehlenden Zahlen ein.

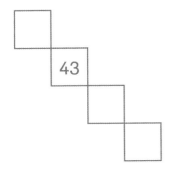

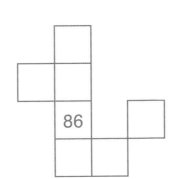

⊖ siehe Seite 8

Aufgabe 5 Trage die Zahlen und ihre Nachbarzehner am Zahlenstrahl ein.

73   31   59   47

0   100

⊖ siehe Seite 9

Aufgabe 6 Rechne.

57 + 8 = ...   57 + 18 = ...   57 + 38 = ...

34 + 17 = ...   25 + 68 = ...   47 + 39 = ...

⊖ siehe Seite 13, 15, 16, 17, 18

Aufgabe 7 In der Tabelle sind fünf Fehler. Streiche die falschen Ergebnisse durch.

–	17	39	28	45
76	59	45	46	31
54	37	15	26	19
91	47	52	63	46
83	66	43	55	38

➜ siehe Seite 26, 28, 29

Aufgabe 8 Rechne mit den Kernaufgaben.

$7 \cdot 4 =$ .... $6 \cdot 8 =$ .... $9 \cdot 6 =$ ....

....

....

➜ siehe Seite 33, 34, 35, 36, 37

Aufgabe 9 Rechne und überprüfe.

: 6	
30	
12	
6	
42	
54	

denn .... $\cdot$ 6 = ...

denn ....

....

....

....

➜ siehe Seite 40, 41, 42

Aufgabe 10 Rechne und überprüfe.

37 : 5 = ..., denn .... · .... + ... = ...

46 : 7 = ...

27 : 4 = ...

❸ siehe Seite 44

Aufgabe 11 Rechne und färbe die Aufgaben mit der passenden Farbe ein.

Rest 4   Rest 2   Rest 0

32 : 7	54 : 6	81 : 9
16 : 7	20 : 9	42 : 8

❸ siehe Seite 44

Aufgabe 12 Trage die fehlenden Zahlen ein.

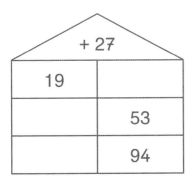

+ 27	
19	
	53
	94

− 34	
	34
83	
	48

❸ siehe Seite 46

Dein Ergebnis bei den 12 Aufgaben:

Besprich Aufgaben,
zu denen du hier keine
Lösung findest, mit
einem Erwachsenen.

Seite 6 Üben 1

Z	E
3	2

III ▪▪

Z	E
5	4

IIIII ▪▪▪▪

Z	E
4	3

IIII ▪▪▪

Seite 6 Üben 2

dreiundzwanzig   23   II ▪▪▪

sechsundachtzig   86   IIIII III ▪▪▪▪▪ ▪

Seite 7 Üben 1

18   21   27   37   38   69   72

Seite 7 Üben 2

13 < 24	48 = 48	26 > 19
100 > 10	87 > 52	25 < 52
55 = 55	37 < 67	96 > 70

Seite 8 Üben 1

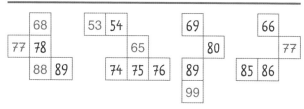

Seite 8 Üben 2

Die Zahl heißt: **47**

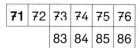

Die Zahl heißt: **71**

Seite 9 Üben 1

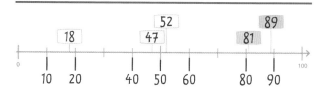

Seite 9 Üben 2

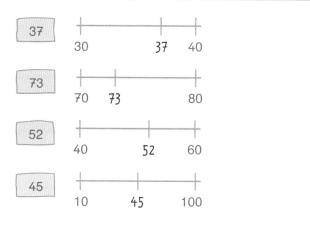

Seite 10 Üben

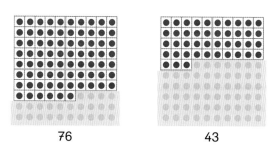

76   43

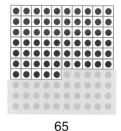

65

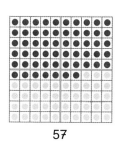

57   96

Seite 11 Bist du fit?

1

a) ☺   b) ☹ 46 < 63   c) ☺

2

a) ☹

65	66	67	68

b) ☹

66			69
	77	78	79

3

a) ☺ 35   ☹ 55 45   ☹ 86 68

30 40 50 60

b)   ☺ 72   ☹ 45 50 ☺ 90

40 60 80

4

a) ☺   b) ☹ 54

Seite 12 Üben 1

Seite 12 Üben 2

24 + 3 = 27	82 + 7 = 89
4 + 3 = 7	2 + 7 = 9
24 + 3 = 27	82 + 7 = 89

53 + 6 = 59	32 + 5 = 37
3 + 6 = 9	2 + 5 = 7
53 + 6 = 59	32 + 5 = 37

Seite 13 Üben

Rechenweg 1:

38 + 6 = 44	67 + 4 = 71	79 + 5 = 84
8 + 6 = 14	7 + 4 = 11	9 + 5 = 14
30 + 14 = 44	60 + 11 = 71	70 + 14 = 84

46 + 7 = 53
6 + 7 = 13
40 + 13 = 53

Rechenweg 2:

38 + 6 = 44	67 + 4 = 71	79 + 5 = 84
38 + 2 = 40	67 + 3 = 70	79 + 1 = 80
40 + 4 = 44	70 + 1 = 71	80 + 4 = 84

46 + 7 = 53
46 + 4 = 50
50 + 3 = 53

Seite 14 Üben 1

+	30	10	60
12	42	22	72
24	54	34	84
37	67	47	97

+	20	50	40
47	67	97	87
19	39	69	59
35	55	85	75

Seite 14 Üben 2

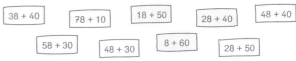

Seite 15 Üben

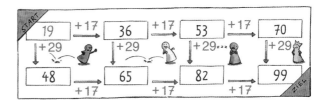

Seite 16 Üben

Addieren

Seite 17 Üben

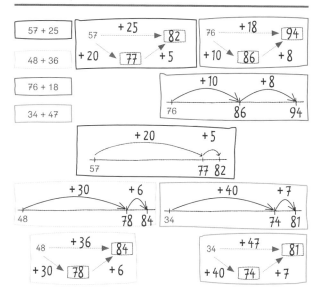

57 + 25

57 —— +25 —→ 82
+20 ↘ 77 ↗ +5

48 + 36

76 + 18

76 —— +18 —→ 94
+10 ↖ 86 ↗ +8

34 + 47

+10   +8
76   86   94

+20   +5
57   77 82

+30   +6
48   78 84

+40   +7
34   74 81

48 +36 → 84
+30 ↖ 78 ↗ +6

34 +47 → 81
+40 ↖ 74 ↗ +7

Seite 18 Üben 1

46 + △19 = 65   34 + △39 = 73   63 + △29 = 92
46 + 20 − 1 = 65   34 + 40 − 1 = 73   63 + 30 − 1 = 92

27 + △49 = 76   58 + △38 = 96   47 + △28 = 75
27 + 50 − 1 = 76   58 + 40 − 2 = 96   47 + 30 − 2 = 75

39 + △28 = 67   67 + △19 = 86
39 + 30 − 2 = 67   67 + 20 − 1 = 86

Seite 19 Üben 2

32 + 67 = 99

+30   +2
67   97 99

23 + 56 = 79

+20   +3
56   76 79

Seite 19 Üben 3

| 56 + 29 = 85 | 38 + 49 = 87 | 56 + 28 = 84 |

44 + 48 = 92   56 + 30 − 2 = 84

44 + 50 − 2 = 92   38 + 50 − 1 = 87

56 + 30 − 1 = 85

Seite 19 Üben 4

	△	Tausch-aufgabe	
53 + 39 = 92	X		53 + 40 − 1 = 92
67 + 28 = 95	X		67 + 30 − 2 = 95
32 + 47 = 79		X	47 + 32 = 79

Seite 20 Üben

94

76	18
36	58
42	52
75	19

Seite 21 Bist du fit?

1
a) ☺   b) ☺   c) ☹ 43 + 4 = 47
            3 + 4 = 7
            40 + 7 = 47

2
a) ☺   b) ☹ 65 + 26 = 91
            65 + 20 = 85
            85 + 6 = 91

3
a) ☹ 42 + 39 = 81

+40   −1
42   81 82

b) ☺

4
a) ☺   b) ☹ 33 + 36 = 69
            33 + 7 = 40
            40 + 29 = 69

56

Seite 22 Üben 1

Seite 22 Üben 2

27 − 6 = **21**	66 − 4 = **62**	85 − 3 = **82**
7 − 6 = 1	6 − 4 = 2	5 − 3 = 2
27 − 6 = 21	66 − 4 = 62	85 − 3 = 82

Seite 23 Üben 1

Rechenweg 1:

23 − 5 = **18**	67 − 8 = **59**	53 − 5 = **48**
13 − 5 = 8	17 − 8 = 9	13 − 5 = 8
23 − 5 = 18	67 − 8 = 59	53 − 5 = 48
92 − 6 = **86**	81 − 4 = **77**	75 − 7 = **68**
12 − 6 = 6	11 − 4 = 7	15 − 7 = 8
92 − 6 = 86	81 − 4 = 77	75 − 7 = 68
46 − 7 = **39**	34 − 6 = **28**	61 − 9 = **52**
16 − 7 = 9	14 − 6 = 8	11 − 9 = 2
46 − 7 = 39	34 − 6 = 28	61 − 9 = 52

Rechenweg 2:

23 − 5 = **18**	67 − 8 = **59**	53 − 5 = **48**
23 − 3 = 20	67 − 7 = 60	53 − 3 = 50
20 − 2 = 18	60 − 1 = 59	50 − 2 = 48
92 − 6 = **86**	81 − 4 = **77**	75 − 7 = **68**
92 − 2 = 90	81 − 1 = 80	75 − 5 = 70
90 − 4 = 86	80 − 3 = 77	70 − 2 = 68
46 − 7 = **39**	34 − 6 = **28**	61 − 9 = **52**
46 − 6 = 40	34 − 4 = 30	61 − 1 = 60
40 − 1 = 39	30 − 2 = 28	60 − 8 = 52

Seite 24 Üben 2

−	4	6	5	3
31	27	25	26	28
72	68	66	67	69
81	77	75	76	78
42	38	36	37	39

−	8	6	7	9
54	46	48	47	45
45	37	39	38	36
63	55	57	56	54
92	84	86	85	83

Seite 24 Üben 3

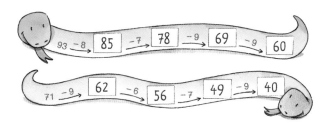

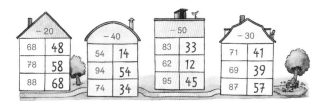

Seite 25 Üben 1

Seite 25 Üben 2

57

Seite 25 Üben 3

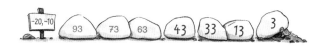

Seite 26 Üben 1

Rechenweg 1:

87 − 45 = **42**	87 − 34 = **53**	87 − 29 = **58**
87 − 40 = 47	87 − 30 = 57	87 − 20 = 67
47 − 5 = 42	57 − 4 = 53	67 − 9 = 58

59 − 45 = **14**	59 − 34 = **25**	59 − 29 = **30**
59 − 40 = 19	59 − 30 = 29	59 − 20 = 39
19 − 5 = 14	29 − 4 = 25	39 − 9 = 30

71 − 45 = **26**	71 − 34 = **37**	71 − 29 = **42**
71 − 40 = 31	71 − 30 = 41	71 − 20 = 51
31 − 5 = 26	41 − 4 = 37	51 − 9 = 42

Rechenweg 2:

87 − 45 = **42**	87 − 34 = **53**	87 − 29 = **58**
87 − 5 = 82	87 − 4 = 83	87 − 9 = 78
82 − 40 = 42	83 − 30 = 53	78 − 20 = 58

59 − 45 = **14**	59 − 34 = **25**	59 − 29 = **30**
59 − 5 = 54	59 − 4 = 55	59 − 9 = 50
54 − 40 = 14	55 − 30 = 25	50 − 20 = 30

71 − 45 = **26**	71 − 34 = **37**	71 − 29 = **42**
71 − 5 = 66	71 − 4 = 67	71 − 9 = 62
66 − 40 = 26	67 − 30 = 37	62 − 20 = 42

Seite 27 Üben 2

−	26	45	53
85	59	40	32
96	70	51	43
68	42	23	15
74	48	29	21

−	17	36	22
69	52	33	47
74	57	38	52
53	36	17	31
81	64	45	59

Seite 28 Üben

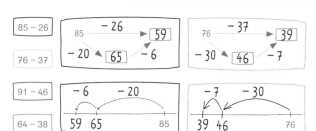

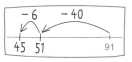 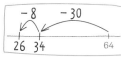

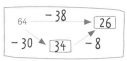 

Seite 29 Üben 1

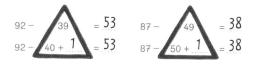

92 − △ 39 = 53
92 − △ 40 + 1 = 53

87 − △ 49 = 38
87 − △ 50 + 1 = 38

66 − △ 38 = 28
66 − △ 40 + 2 = 28

Seite 29 Üben 2

74 − 18 = 56
96 − 39 = 57
75 − 28 = 47

Seite 30 Üben

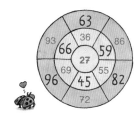

Seite 31 Bist du fit?

1
a) ☺   b) ☹ 67 − 4 = 63   7 − 4 = 3   c) ☺

2
a) ☺   b) ☹ 89 − 47 = 42
89 − 40 = 49
49 − 7 = 42

3
a) ☺
b) ☹ 93 − 38 = 55

4

a) ☹ $79 - 33 = 46$ b) ☺

$\overline{79 - 9} = 70$

$70 - 24 = 46$

Seite 32 Üben 1

Plusaufgabe: $5 + 5 + 5 = 15$
Malaufgabe: $3 \cdot 5 = 15$

Plusaufgabe: $6 + 6 + 6 + 6 = 24$
Malaufgabe: $4 \cdot 6 = 24$

Plusaufgabe: $3 + 3 + 3 + 3 + 3 = 15$
Malaufgabe: $5 \cdot 3 = 15$

Seite 32 Üben 2

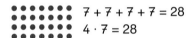
$3 + 3 + 3 + 3 = 12$
$4 \cdot 3 = 12$

$7 + 7 + 7 + 7 = 28$
$4 \cdot 7 = 28$

Seite 33 Üben

$3 \cdot 4 = 12$	$3 \cdot 6 = 18$	$3 \cdot 5 = 15$
$2 \cdot 4 = 8$	$2 \cdot 6 = 12$	$2 \cdot 5 = 10$
$1 \cdot 4 = 4$	$1 \cdot 6 = 6$	$1 \cdot 5 = 5$

$6 \cdot 4 = 24$	$7 \cdot 6 = 42$
$5 \cdot 4 = 20$	$5 \cdot 6 = 30$
$1 \cdot 4 = 4$	$2 \cdot 6 = 12$

Seite 34 Üben

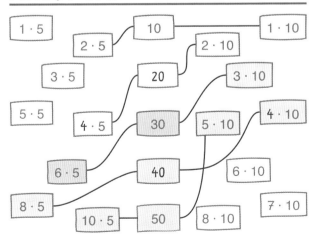

Seite 35 Üben

$1 \cdot 2 = 2$ $1 \cdot 4 = 4$ $1 \cdot 8 = 8$

$3 \cdot 2 = 6$ $3 \cdot 4 = 12$ $3 \cdot 8 = 24$

$7 \cdot 2 = 14$ $7 \cdot 4 = 28$ $7 \cdot 8 = 56$

Seite 36 Üben 1

$3 \cdot 3 = 9$	$7 \cdot 3 = 21$	$9 \cdot 3 = 27$
$3 \cdot 6 = 18$	$7 \cdot 6 = 42$	$9 \cdot 6 = 54$
$3 \cdot 9 = 27$	$7 \cdot 9 = 63$	$9 \cdot 9 = 81$

Seite 36 Üben 2

$10 \cdot 3 = 5 \cdot 6$	$8 \cdot 3 = 4 \cdot 6$	$6 \cdot 3 = 2 \cdot 9$
$6 \cdot 3 = 3 \cdot 6$	$4 \cdot 6 = 8 \cdot 3$	$2 \cdot 9 = 6 \cdot 3$
$4 \cdot 3 = 2 \cdot 6$	$1 \cdot 6 = 2 \cdot 3$	$1 \cdot 9 = 3 \cdot 3$
$4 \cdot 9 = 6 \cdot 6$	$9 \cdot 6 = 6 \cdot 9$	$0 \cdot 6 = 0 \cdot 3$

Seite 37 Üben

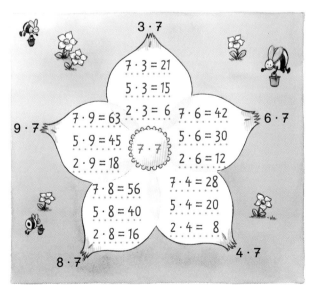

Multiplizieren

Seite 38 Üben

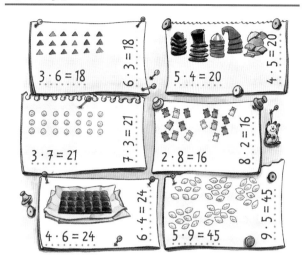

$3 \cdot 6 = 18$

$6 \cdot 3 = 18$

$5 \cdot 4 = 20$

$4 \cdot 5 = 20$

$3 \cdot 7 = 21$

$7 \cdot 3 = 21$

$2 \cdot 8 = 16$

$8 \cdot 2 = 16$

$4 \cdot 6 = 24$

$6 \cdot 4 = 24$

$5 \cdot 9 = 45$

$9 \cdot 5 = 45$

Seite 39 Bist du fit?

1

a) ☹ $6 + 6 + 6 + 6 + 6 = 30$ $5 \cdot 6 = 30$

b) ☹ $3 + 3 + 3 + 3 + 3 + 3 = 18$ $6 \cdot 3 = 18$

c) ☺

2

a) ☺   b) ☹ $9 \cdot 6 = 54$

$10 \cdot 6 = 60$

$1 \cdot 6 = \ 6$

$60 - 6 = 54$

3

a) ☺   b) ☺   c) ☹ $4 \cdot 5 = 2 \cdot 10$

4

a) ☺   b) ☹ $7 \cdot 6 = 42$

$5 \cdot 6 = 30$

$2 \cdot 6 = 12$

Seite 40 Üben

$18 : 3 = 6$

$18 : 2 = 9$

$18 : 6 = 3$

$18 : 9 = 2$

Seite 41 Üben 1

 $12 : 2 = 6$

 $12 : 4 = 3$

 $12 : 3 = 4$

 $12 : 6 = 2$

Seite 41 Üben 2

$10 : 2 = 5$ $8 : 2 = 4$ $15 : 5 = 3$ $50 : 10 = 5$

$35 : 5 = 7$ $20 : 10 = 2$ $16 : 2 = 8$ $40 : \ 5 = 8$

Seite 42 Üben 1

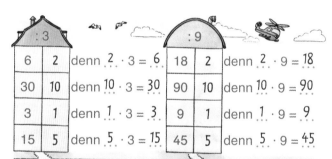

: 3		
6	2	denn $2 \cdot 3 = 6$
30	10	denn $10 \cdot 3 = 30$
3	1	denn $1 \cdot 3 = 3$
15	5	denn $5 \cdot 3 = 15$

: 9		
18	2	denn $2 \cdot 9 = 18$
90	10	denn $10 \cdot 9 = 90$
9	1	denn $1 \cdot 9 = 9$
45	5	denn $5 \cdot 9 = 45$

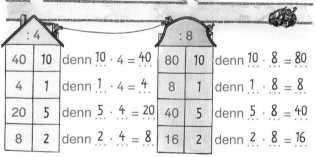

: 4		
40	10	denn $10 \cdot 4 = 40$
4	1	denn $1 \cdot 4 = 4$
20	5	denn $5 \cdot 4 = 20$
8	2	denn $2 \cdot 4 = 8$

: 8		
80	10	denn $10 \cdot 8 = 80$
8	1	denn $1 \cdot 8 = 8$
40	5	denn $5 \cdot 8 = 40$
16	2	denn $2 \cdot 8 = 16$

Seite 43 Üben 2

| 36 | 9 | 6 |

$$36 : 9 = \underline{4}, \text{ denn } \underline{4} \cdot \underline{9} = 36$$

$$36 : 6 = \underline{6}, \text{ denn } \underline{6} \cdot \underline{6} = 36$$

| 24 | 4 | 8 |

$$24 : 4 = \underline{6}, \text{ denn } \underline{6} \cdot \underline{4} = 24$$

$$24 : 8 = \underline{3}, \text{ denn } \underline{3} \cdot \underline{8} = 24$$

| 45 | 9 | 5 |

$$45 : 9 = \underline{5}, \text{ denn } \underline{5} \cdot \underline{9} = 45$$

$$45 : 5 = \underline{9}, \text{ denn } \underline{9} \cdot \underline{5} = 45$$

Seite 43 Üben 3

$$21 : \underline{7} = \underline{3}, \text{ denn } \underline{3} \cdot \underline{7} = 21$$
$$21 : \underline{3} = \underline{7}, \text{ denn } \underline{7} \cdot \underline{3} = 21$$

$$28 : 4 = 7, \text{ denn } 7 \cdot 4 = 28$$
$$28 : 7 = 4, \text{ denn } 4 \cdot 7 = 28$$

Seite 44 Üben 1

$$17 : 3 = 5 \text{ R } 2, \text{ denn } 5 \cdot 3 + 2 = 17$$
$$17 : 4 = 4 \text{ R } 1, \text{ denn } 4 \cdot 4 + 1 = 17$$

Seite 44 Üben 2

$$14 : 5 = 2 \text{ R } 4, \text{ denn } 2 \cdot 5 + 4 = 14$$
$$22 : 4 = 5 \text{ R } 2, \text{ denn } 5 \cdot 4 + 2 = 22$$
$$19 : 3 = 6 \text{ R } 1, \text{ denn } 6 \cdot 3 + 1 = 19$$

Seite 45 Bist du fit?

1

a) ☺   b) ☺   c) ☹ 15 : 3 = 5   d) ☺

2

a) ☺
b) ☹ 28 : 4 = 7, denn 7 · 4 = 28
c) ☹ 48 : 8 = 6, denn 6 · 8 = 48

3

a) ☹ 17 : 5 = 3 R 2, denn 3 · 5 + 2 = 17
b) ☺
c) ☺

4

:	6	5	7
21	☺ 3R3	☹ 4R2	☹ 3R1
38	☺ 6R2	☺ 7R3	☹ 9R2
42	☹ 7R1	☹ 7R7	☺ 6R0

$$21 : 5 = 4 \text{ R } 1, \text{ denn } 4 \cdot 5 + 1 = 21$$
$$21 : 7 = 3 \text{ R } 0, \text{ denn } 3 \cdot 7 + 0 = 21$$
$$38 : 7 = 5 \text{ R } 3, \text{ denn } 5 \cdot 7 + 3 = 38$$
$$42 : 6 = 7 \text{ R } 0, \text{ denn } 7 \cdot 6 + 0 = 42$$
$$42 : 5 = 8 \text{ R } 2, \text{ denn } 8 \cdot 5 + 2 = 42$$

Seite 46 Üben 1

Seite 46 Üben 2

Seite 47 Üben 1

| 5 | 35 | 7 | 42 | 6 | 7 | 72 | 8 | 9 |

$$5 \cdot 7 = 35 \qquad 6 \cdot 7 = 42 \qquad 8 \cdot 9 = 72$$
$$7 \cdot 5 = 35 \qquad 7 \cdot 6 = 42 \qquad 9 \cdot 8 = 72$$
$$35 : 5 = 7 \qquad 42 : 6 = 7 \qquad 72 : 8 = 9$$
$$35 : 7 = 5 \qquad 42 : 7 = 6 \qquad 72 : 9 = 8$$

Vermischte Aufgaben

Seite 47 Üben 2

·	4	5	6	3	2
8	32	40	48	24	16
4	16	20	24	12	8

Seite 48 Üben 1

$35 + 16 = 51$ $67 - 28 < 43$ $84 - 36 = 48$
$5 \cdot 8 < 41$ $7 \cdot 3 = 21$ $9 \cdot 6 > 52$
$61 > 90 - 49$ $36 > 18 + 17$ $82 = 46 + 36$
$45 = 5 \cdot 9$ $35 > 8 \cdot 4$ $63 > 8 \cdot 7$
$24 : 4 = 6$ $32 : 8 > 3$ $54 : 9 < 8$
$8 \cdot 6 > 9 \cdot 5$ $72 : 9 < 36 : 4$ $6 \cdot 4 < 9 \cdot 3$

Seite 48 Üben 2

$9 \cdot 8 = 72$ $28 - 7 = 21$ $61 - 16 < 46$
$42 - 7 = 35$ $45 : 5 < 40$ $36 : 9 < 5$
$24 : 6 = 4$ $8 \cdot 4 = 32$ $16 - 4 = 12$
$27 : 9 < 4$ $18 + 9 = 27$ $53 - 18 < 36$

Seite 49 Bist du fit?

1
a) ☺
b) ☹ $45 + 37 = 82$
c) ☹ $84 - 36 = 48$
d) ☹ $87 = 19 + 68$
e) ☺
f) ☺

2

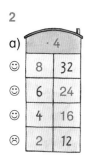

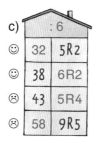

$2 \cdot 4 = 8$

$40 : 5 = 8,$
denn $8 \cdot 5 = 40$

$34 : 6 = 5 R 4$
$58 : 6 = 9 R 4$

3
a) ☺
b) ☹ $95 - 46 < 51$
c) ☹ $8 \cdot 7 < 65$
d) ☺
e) ☺
f) ☺

Seite 50 Aufgabe 1

||| ▬▬▬▬ 34 ||||| ▬▬ 52

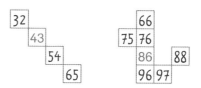

Seite 50 Aufgabe 2

siebenundvierzig 47 |||| ▬▬▬▬▬ ▬▬
neununddreißig 39 ||| ▬▬▬▬▬ ▬▬▬▬
fünfzig 50 |||||

Seite 51 Aufgabe 3

$91 > 71 > 56 > 43 > 37 > 19 > 17$
$24 < 38 < 42 < 44 < 57 < 75 < 83$

Seite 51 Aufgabe 4

32				66		
	43			75	76	
		54			86	88
			65		96	97

Seite 51 Aufgabe 5

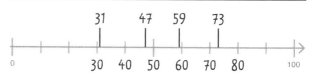

Seite 51 Aufgabe 6

$57 + 8 = 65$ $57 + 18 = 75$ $57 + 38 = 95$
$34 + 17 = 51$ $25 + 68 = 93$ $47 + 39 = 86$

Seite 52 Aufgabe 7

−	17	39	28	45
76	59	3̶7̶	4̶8̶	31
54	37	15	26	9̶
91	7̶4̶	52	63	46
83	66	4̶3̶	55	38

Seite 52 Aufgabe 8

$7 \cdot 4 = 28$ $6 \cdot 8 = 48$ $9 \cdot 6 = 54$
$5 \cdot 4 = 20$ $5 \cdot 8 = 40$ $10 \cdot 6 = 60$
$2 \cdot 4 = 8$ $1 \cdot 8 = 8$ $1 \cdot 6 = 6$

Seite 52 Aufgabe 9

: 6		
30	5	denn 5 · 6 = 30
12	2	denn 2 · 6 = 12
6	1	denn 1 · 6 = 6
42	7	denn 7 · 6 = 42
54	9	denn 9 · 6 = 54

Seite 53 Aufgabe 10

37 : 5 = 7 R 2, denn 7 · 5 + 2 = 37
46 : 7 = 6 R 4, denn 6 · 7 + 4 = 46
27 : 4 = 6 R 3, denn 6 · 4 + 3 = 27

Seite 53 Aufgabe 11

Rest 4   32 : 7

Rest 2   42 : 8   20 : 9   16 : 7

Rest 0   54 : 6   81 : 9

Seite 53 Aufgabe 12

+ 27		− 34	
19	46	68	34
26	53	83	49
67	94	82	48

			H	Z	E
E	Einer	■			6
Z	Zehner	|		4	8
H	Hunderter	☐	1	0	0

<	ist kleiner als	3 < 4
>	ist größer als	4 > 3
=	gleich	4 = 4

+ Addition/plus

addieren, zusammenzählen, hinzufügen

6 + 3 = 9   Summand + Summand = Summe

– Subtraktion/minus

subtrahieren, abziehen, wegnehmen

9 – 3 = 6   Minuend – Subtrahend = Differenz

· Multiplikation/mal

multiplizieren, malnehmen

6 · 2 = 12   Faktor · Faktor = Produkt

: Division/geteilt durch

dividieren, teilen

12 : 2 = 6   Dividend : Divisor = Quotient